Ann-Katrin Heger · Silke Voigt

W0270776

Der beste erste Schultag

CARLSEN

Das Schulweg-Abenteuer

Leo schlägt die  auf. Sein  schlägt wie eine . Heute ist es so weit. Er darf in die  gehen. „Juhu“, ruft er und streckt die  nach oben. Sein schwarzer  Mio, der sich auf der 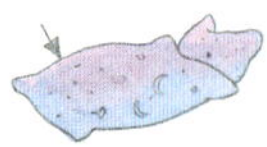 eingerollt hat, spitzt die .

Leo lacht und streicht dem  über das weiche . Mama steckt ihren  zur  herein. „Raus aus den “, sagt sie. „Dein  steht schon auf dem .“

Leo zieht sich die neue  und die  mit dem silbernen  an. In der 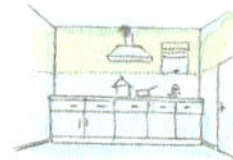 sitzen Mama und Papa. Auf dem  liegt eine . Sie hat viele  und  darauf. Genau die hat er sich gewünscht!

Und daneben steht der . Natürlich auch mit 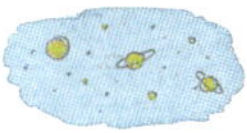! „Ich kann kein  essen“, sagt Leo. „Mein 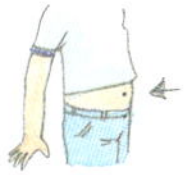 fühlt sich an, als würde ein  darin fliegen! Können wir uns auf die  machen?“

„Na klar“, sagt Mama. Sie gehen am 

und an der  vorbei. Doch heute ist etwas anders. Leo sieht einen  hinter einem  verschwinden. Dann hinter einer .

Ist das ein  ? Leo rutscht das  in

die  . Aber als er um die 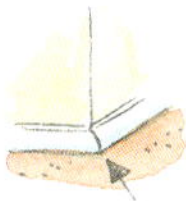 guckt, ist

der  weg. Vor dem  sagt Papa:

„Ich möchte ein  von dir machen.“

Leo nimmt  und  und macht ein lustiges . Da springt plötzlich etwas vom  auf Leos . „Ahhh“, schreit Leo und lässt die  fallen.

Sein  Mio sitzt neben der  und

maunzt. „Mio! Ich dachte, du bist ein “,

ruft Leo und nimmt den kleinen  in

die . „Ich bringe den  in

unseren  zurück“, bietet Papa an.

„Geht schon mal vor!“ Im  rennen viele  mit  herum. Dort steht ein 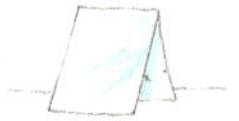. „Alle  der ersten 

sollen in die 

kommen“, liest Mama vor.

Plötzlich hat Leo einen dicken  im .

Schnell steckt er seine 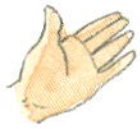 in Mamas .

Mama drückt ihm einen  auf die . „Ich drücke dir den , mein “, sagt sie.

Der beste Platz

In der  riecht es nach alten  und . Leo rümpft die  und kichert. Eine  mit langem, braunem  und einer roten  auf der  geht nach vorne. Sie hält einen  in der . Alle  werden leise.

„Ich bin Frau Nett, eure  “, sagt die  . „Alle  mit  dürfen sich neben das  stellen.“ Weil Frau Nett auch so nett aussieht, ist Leos  im  plötzlich weg.

Er lässt Mamas  los und folgt den .

Beim 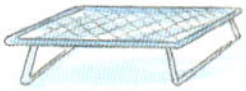 hat sich schon eine lange 

gebildet. Frau Nett schenkt jedem  einen

glitzernden 

. LEO, steht in großen 

auf seinem .

Das kann er schon lesen! Leos  werden rot wie , so sehr freut er sich. Doch als er hochguckt, sind alle  weg. So schnell? Panisch dreht er sich um und rennt los.

Er stolpert über die 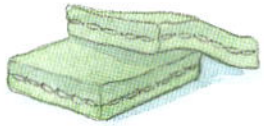 . So ein  !

Doch er sieht gerade noch, wie ein  mit roter  um die  biegt. Jetzt aber schnell! Wie ein  saust er hinterher.

Die 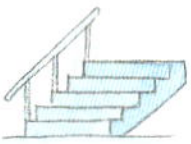 hoch.

Immer zwei 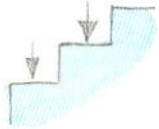 auf einmal. Als Leo außer 

ins  kommt, sitzen alle  schon

an den . Nur ein  neben einem  ist

noch frei. Leo zögert. Das  hat einen

blauen  an.

Mit einem  vorne drauf. Voll peinlich!

Aber es nützt nichts. Einfach  zu und durch!

Das  lächelt Leo an. Es hat viele  auf

der . „Ich bin Jule“, sagt sie und betrachtet

Leos .

„Magst du ?“ Leo nickt. „Und du magst  ?“, fragt er zurück. Jule kichert. „Stimmt.“ Frau Nett hebt die . Es wird leise. „Schön, dass alle  da sind. Aber jemand fehlt noch …“

Sie greift unter den  und hebt einen 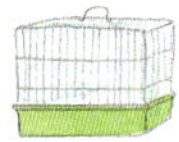 hoch. „Das ist Luis, ein . Ich habe ihn krank im  gefunden und ziehe ihn mit der  auf. Helft ihr mir, dass Luis bald wieder auf  klettern kann?“

„Au ja“, ruft Jule. „Ich kenne mich mit 

aus.“ Frau Nett grinst und deutet auf

Jules : „Dann ist das  bei euch

in guten 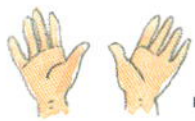.“ Sie nimmt den 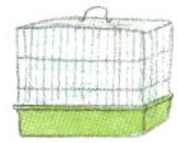 und

stellt ihn neben Jule und Leo ins .

Leo drückt sich die 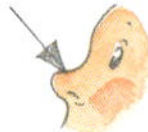 am  platt.

Eine winzige  und zwei puschelige 

schauen zwischen den  hervor. Leo

kann sogar die  und die  sehen.

Er freut sich. Hier sitzt er genau richtig!

Die Wörter zu den Bildern:

Augen

Tür

Schulranzen

Herz

Federn

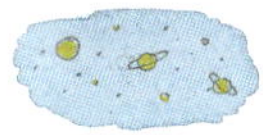
Weltraum

Trommel

Butterbrot

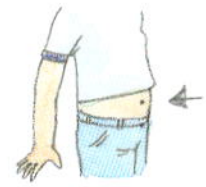
Bauch

Schule

Tisch

Hubschrauber

Arme

Hose

Socken

Kater

Jacke

Bäcker

Bettdecke

Stern

Kirche

Ohren

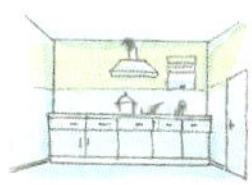
Küche

Schatten

Fell

Schultüte

Gartenzaun

Kopf

Planeten

Mülltonne

Gespenst

Ecke

Schultor

Foto

Gesicht

Räuber

Garten

Schulhof

Kinder

Schild

Schüler

Klasse

Turnhalle

Kloß

Hals

Hand

Kuss

Wange

Daumen

Schatz

Turnmatten

Nase

Frau

Zopf

Brille

Zettel

Lehrerin

Trampolin

Schlange

Buchstaben